Robert SCHUMANN

ORIGINAL COMPOSITIONS

VOLUME II

FOR ONE PIANO/FOUR HANDS

K 03922

CONTENTS

VOLUME I

I. Bilder aus Osten. Sechs Impromptus Op. 66

1.	Impromptu	PAGE 2
2.	„	„ 8
3.	„	„ 10
4.	„	„ 14
5.	„	„ 16
6.	„	„ 22

II. Zwölf vierhändige Klavier-Stücke Op. 85

1.	Geburtstagsmarsch	PAGE 28
2.	Bärentanz	„ 30
3.	Gartenmelodie	„ 32
4.	Beim Kränzewinden	„ 34
5.	Kroatenmarsch	„ 38
6.	Trauer	„ 44
7.	Turniermarsch	„ 46
8.	Reigen	„ 52
9.	Am Springbrunnen	„ 56
10.	Versteckens	„ 62
11.	Gespenstermärchen	„ 66
12.	Abendlied	„ 72

VOLUME II

III. Ball-Scenen. Neun charakteristische Tonstücke Op.109

1.	Préambule	PAGE 74
2.	Polonaise	„ 78
3.	Walzer	„ 84
4.	Ungarisch	„ 86
5.	Française	„ 92
6.	Mazurka	„ 96
7.	Ecossaise	„ 102
8.	Walzer	„ 106
9.	Promenade	„ 112

IV. Kinderball. Sechs leichte Tanzstücke Op. 130

1.	Polonaise	PAGE 118
2.	Walzer	„ 122
3.	Menuett	„ 124
4.	Ecossaise	„ 126
5.	Française	„ 128
6.	Ringelreihe	„ 130

Ball-Scenen.
9 charakteristische Tonstücke.
Dem Fräulein Henriette Reichmann in Hull.
Opus 109.
Komponiert 1851.

Préambule.

Ball-Scenen.

9 charakteristische Tonstücke.

Dem Fräulein Henriette Reichmann in Hull.

Opus 109.

Komponiert 1851.

Préambule.

B

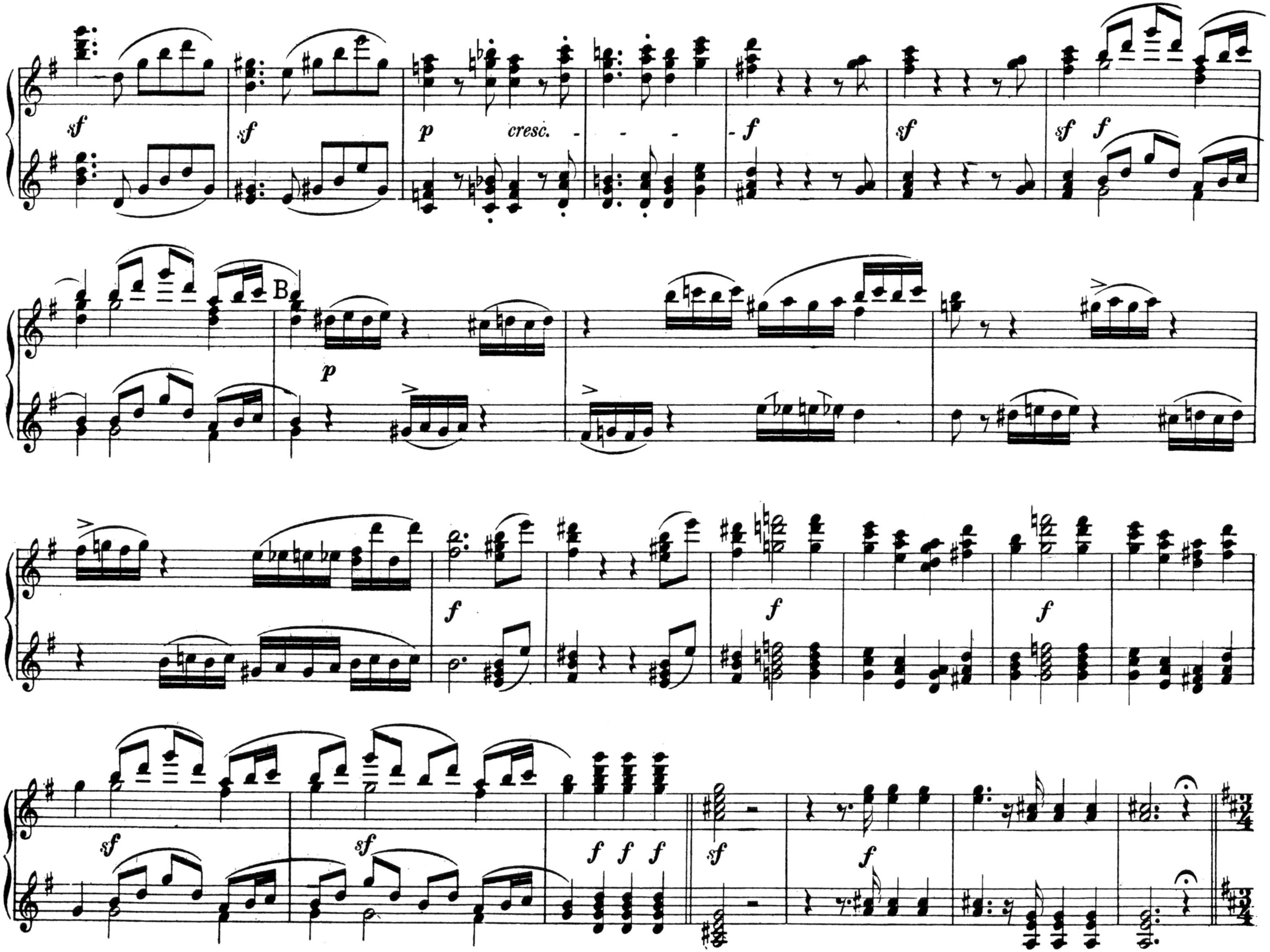
sf
sf
p
cresc.
f
sf
sf
f
B
p
f
f
f
sf
sf
f
f
f
sf
f

Polonaise.

Nicht zu schnell.
2.
f
sfp p
fp
f p f
f sf f p f sf
A
f f p cresc. f sf
sf
B
f sf p sfp
sfp f p f sf

Polonaise.

Nicht zu schnell.
2.
A.
B.

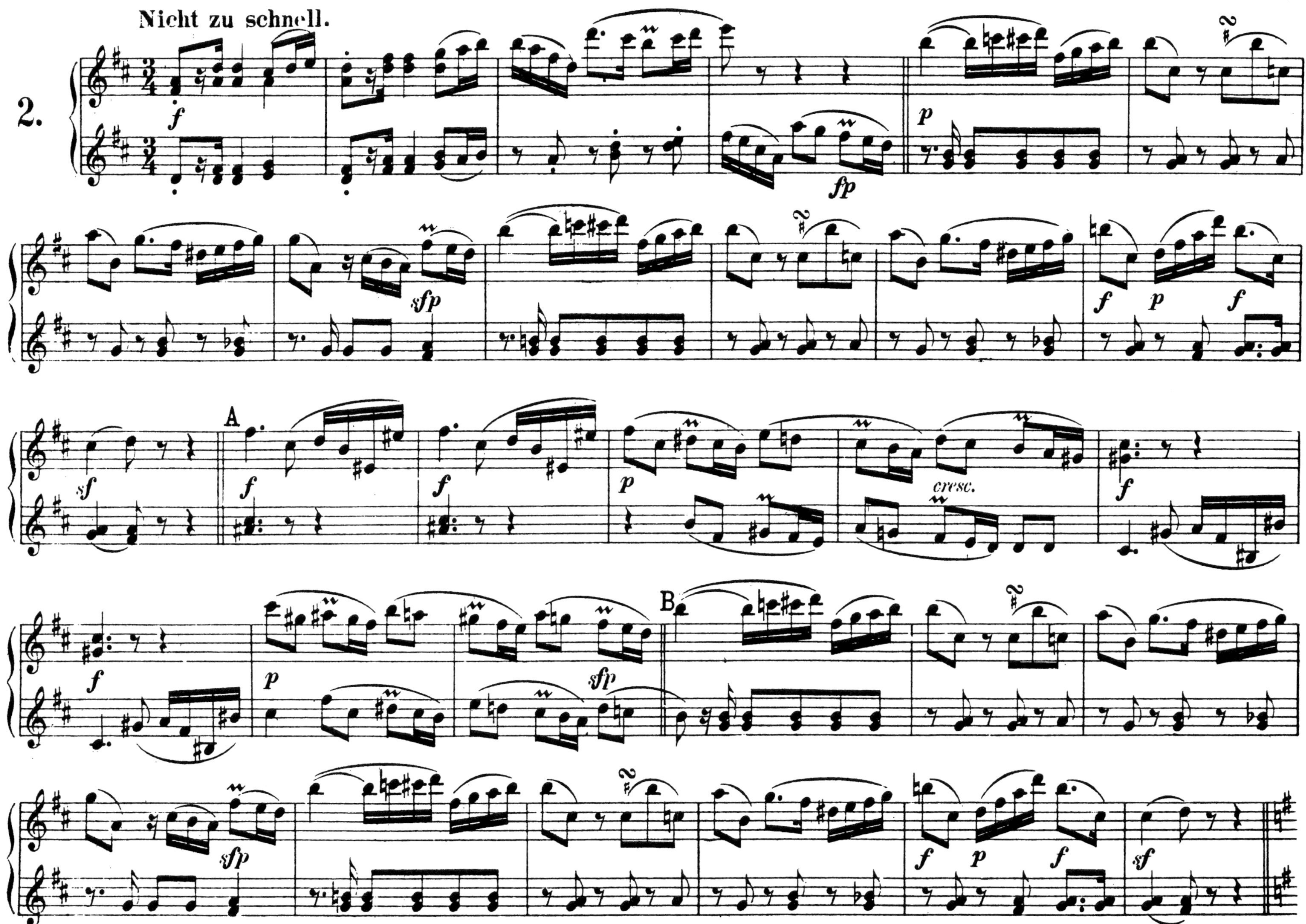

TRIO.
p
1.
2.
C.
f
f
D.
p
f
sfp

TRIO.

Walzer.

Mäßiges Tempo.
3.
p
A
B
C

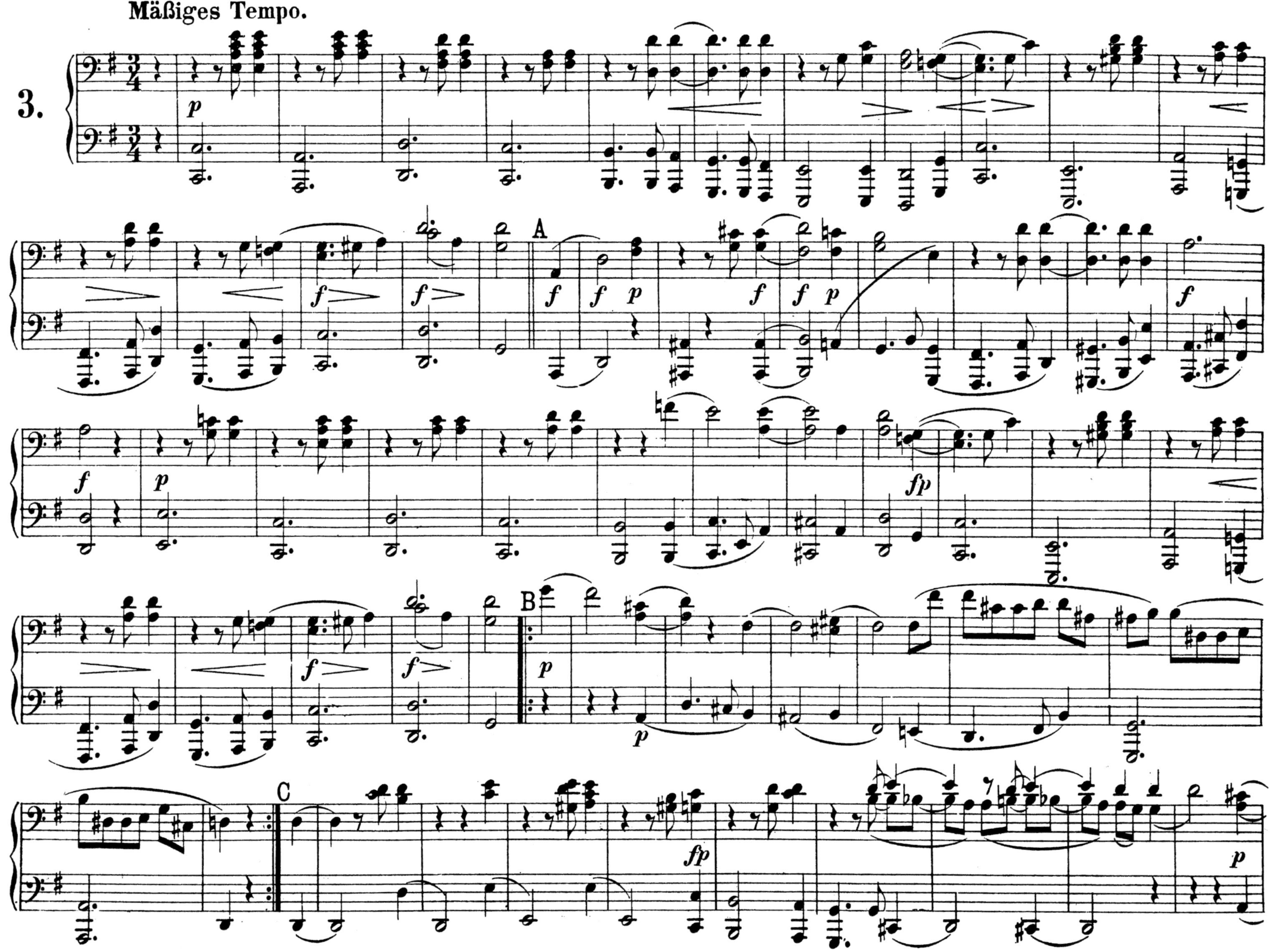

Walzer.

Mäßiges Tempo.
3.
A
B
C

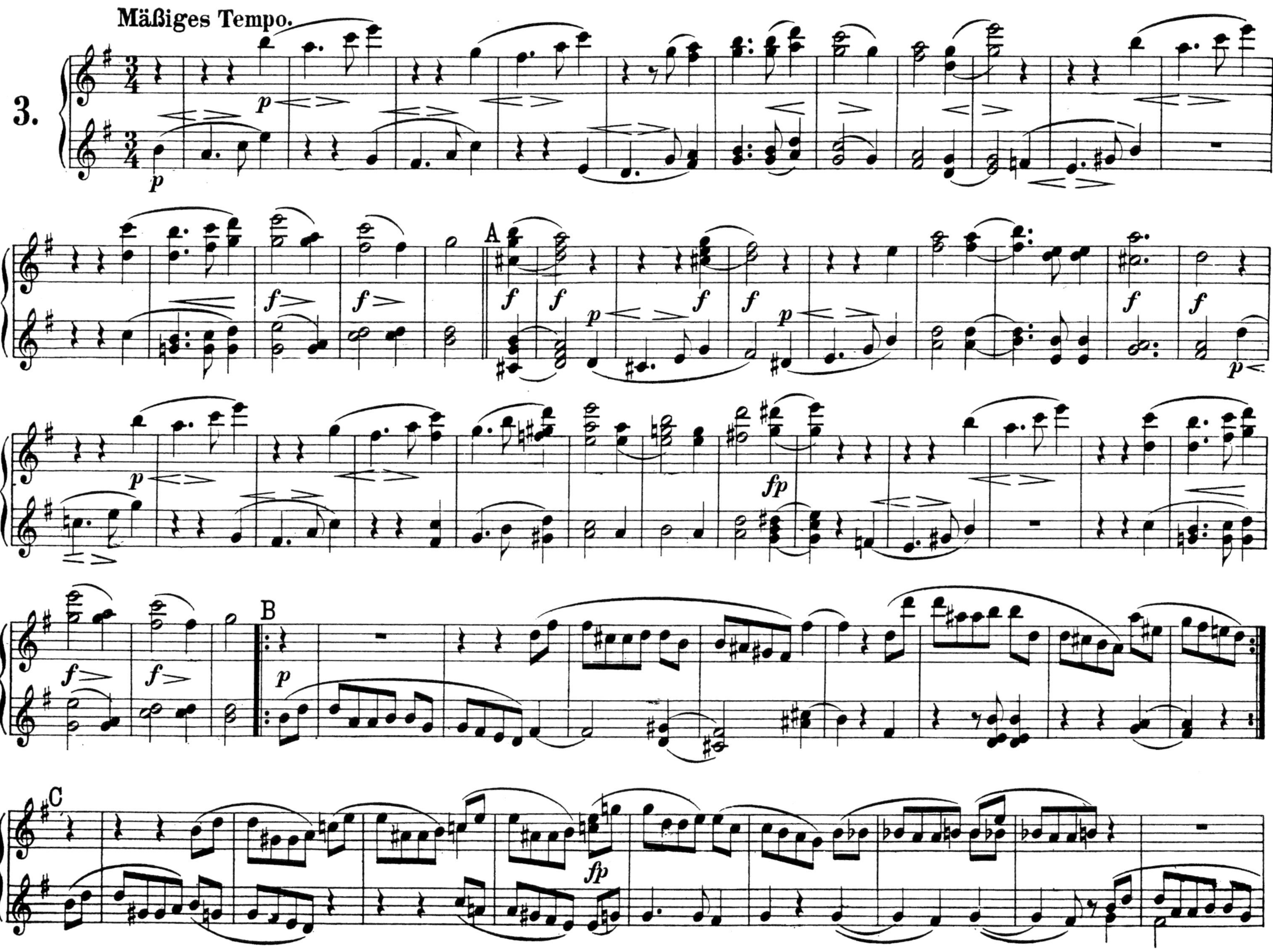

D
p
Ungarisch.
Lebhaft.
f
mf
4.
A
p
f
p
f
p
f
p
f
f
p
f
p
f

Ungarisch.
Lebhaft.
4.

Francaise.

Ziemlich schnell.
5.
fp
f
A
sf
sf
sf
p
f
sf
sf
f
B
sf
p
fp
fp
f
sf
sf
p
sf

Francaise.

Ziemlich schnell.
5.
A
B
staccato

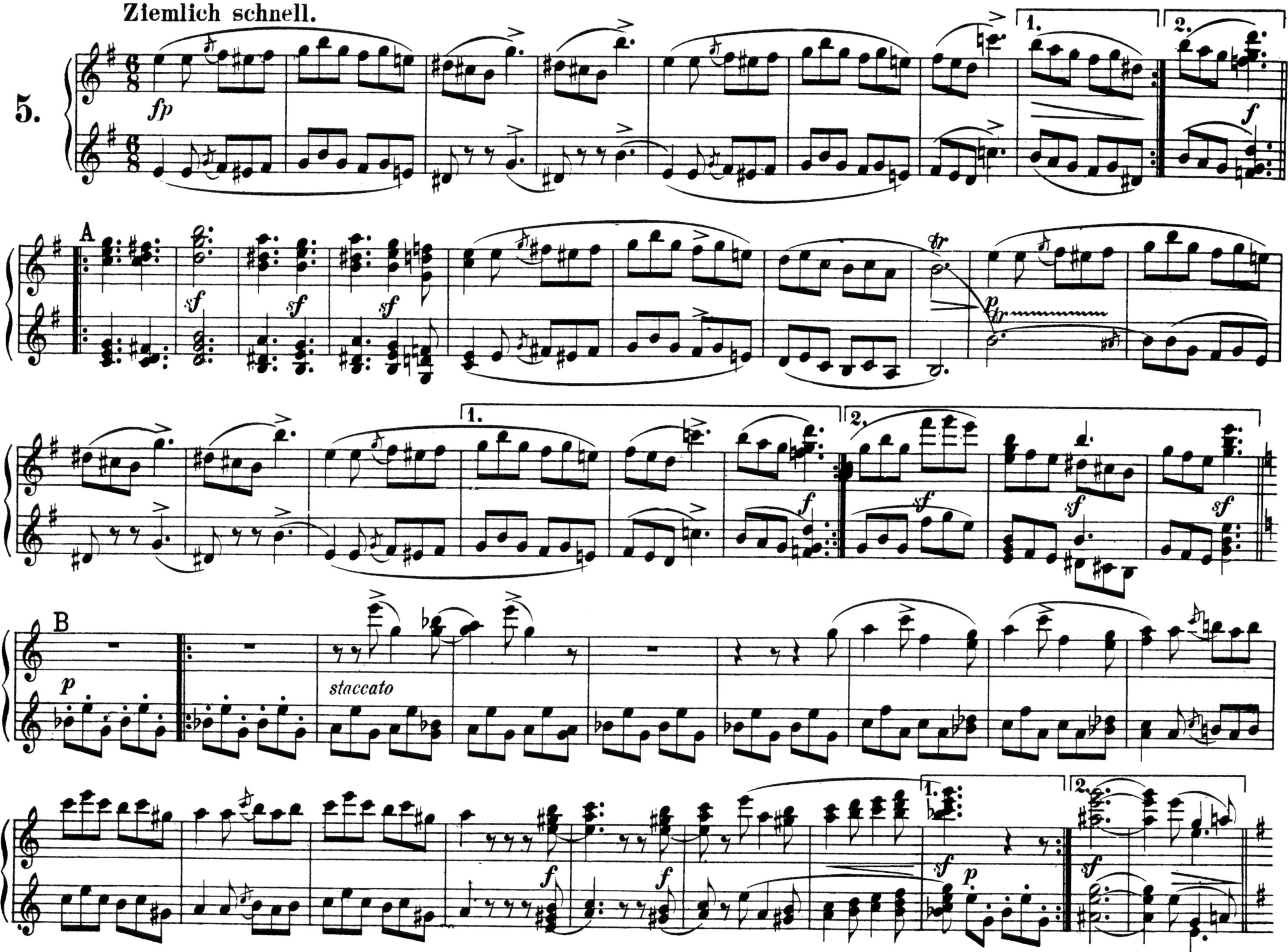

Schneller.

p
f
C
sf sf sf
tr
p
D
Schneller.
f p f p
f f p
sf sf sf

Mazurka.

6.
Sehr markiert.

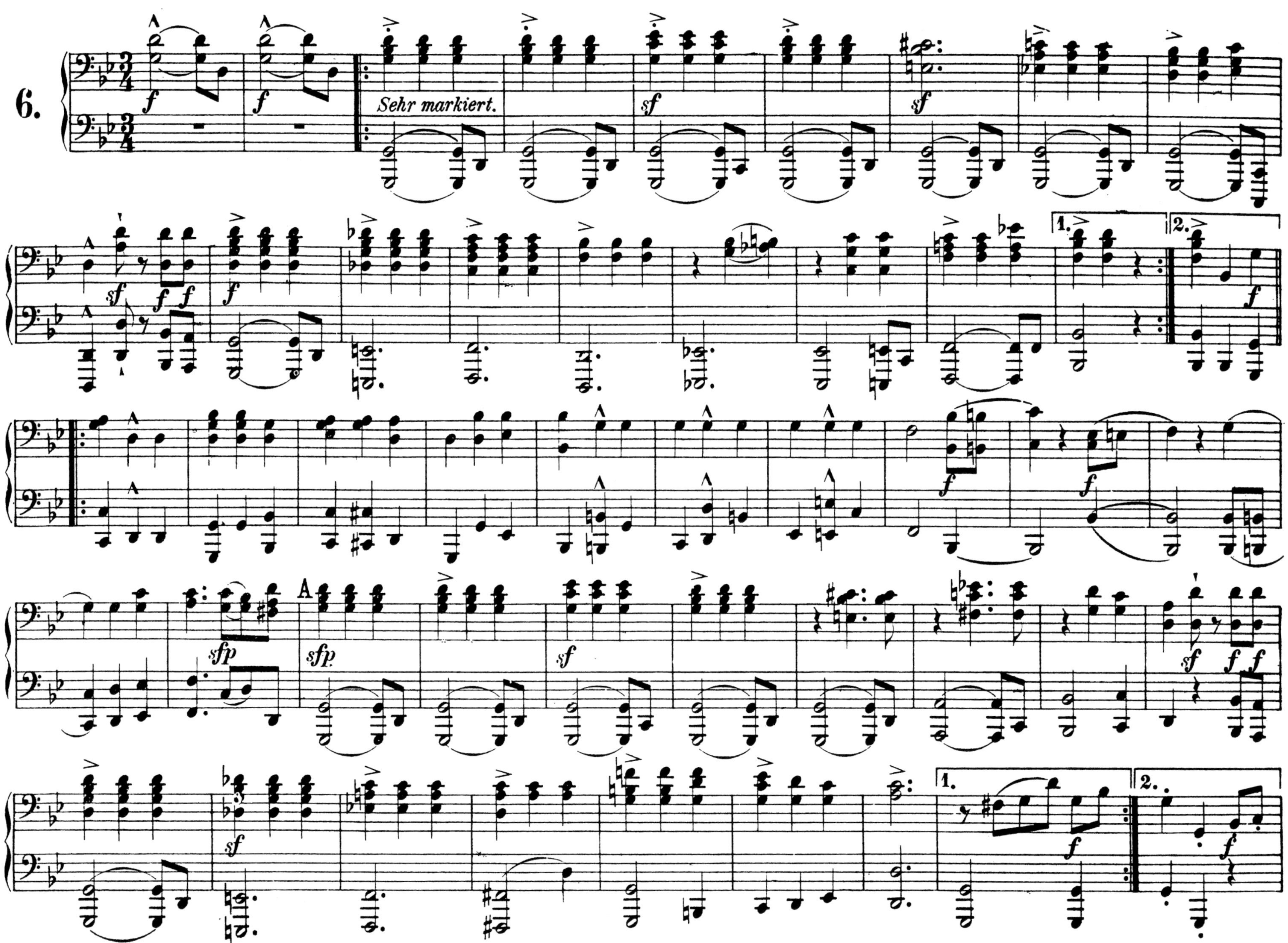

Mazurka.

6.
Sehr markiert.

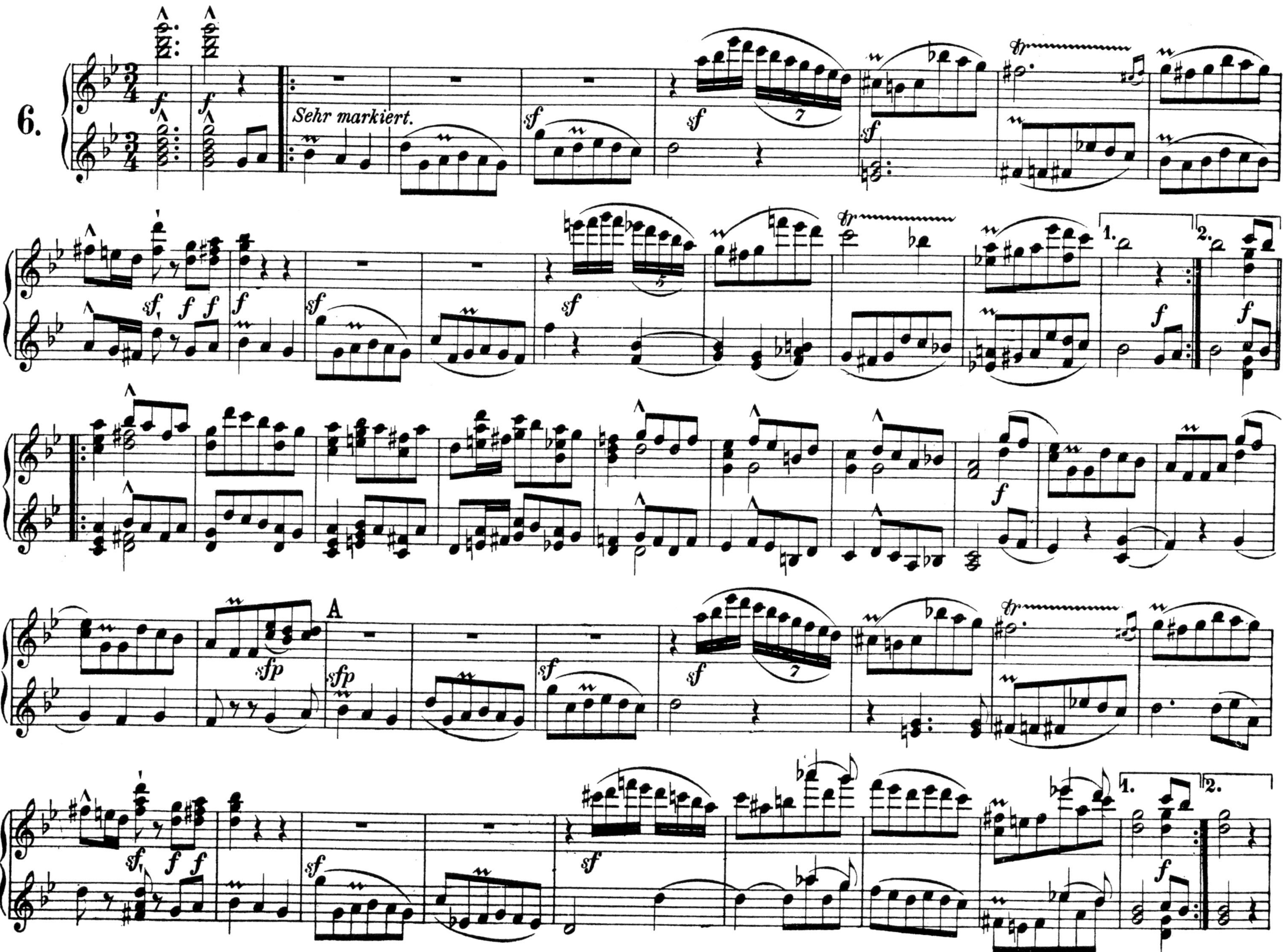

D
E
F
f
sf
sfp
sfp
sf
f f
sf
sf
sf
f
sf
ff
sf
sf
sf
sf
sf Schneller.

Ecossaise.

Lebhaft, nicht zu schnell.
7.
A
B
C
1.
2.
1.
2.

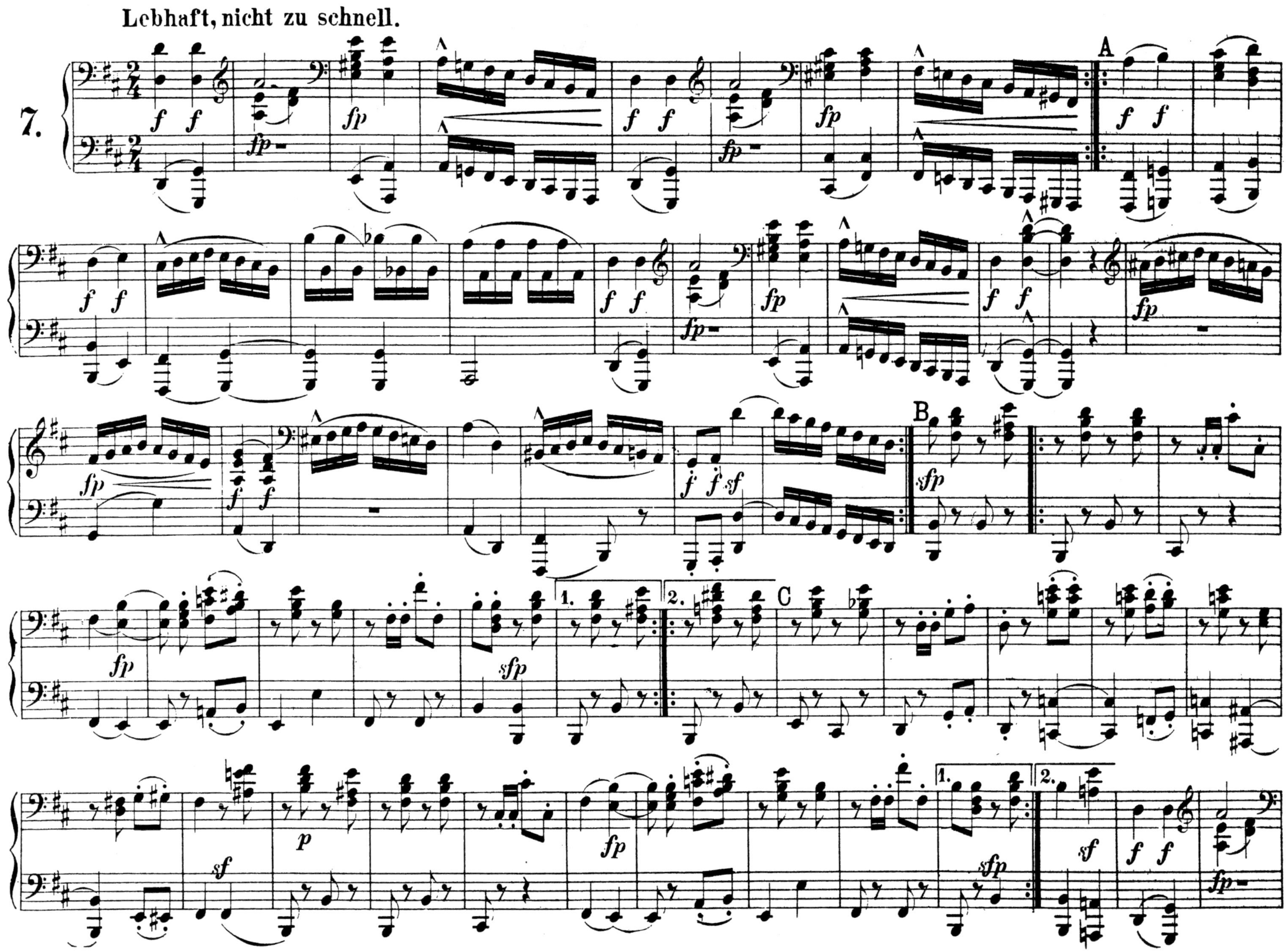

Ecossaise.

Lebhaft, nicht zu schnell.
7.
f f fp fp
fp
f f fp
fp
A
f f
f f sf
f f
f f
fp fp
fp
f f
f f sf
8
fp
B
sfp
fp
1. 2.
sfp
C
sf p
fp
1. 2.
sf p
sfp
sf f f fp

CODA.

Walzer.

Lebhaft.
8.
sf
sf
sf
sf
1
p
A
B
fp
p
f
sf
sf
sf

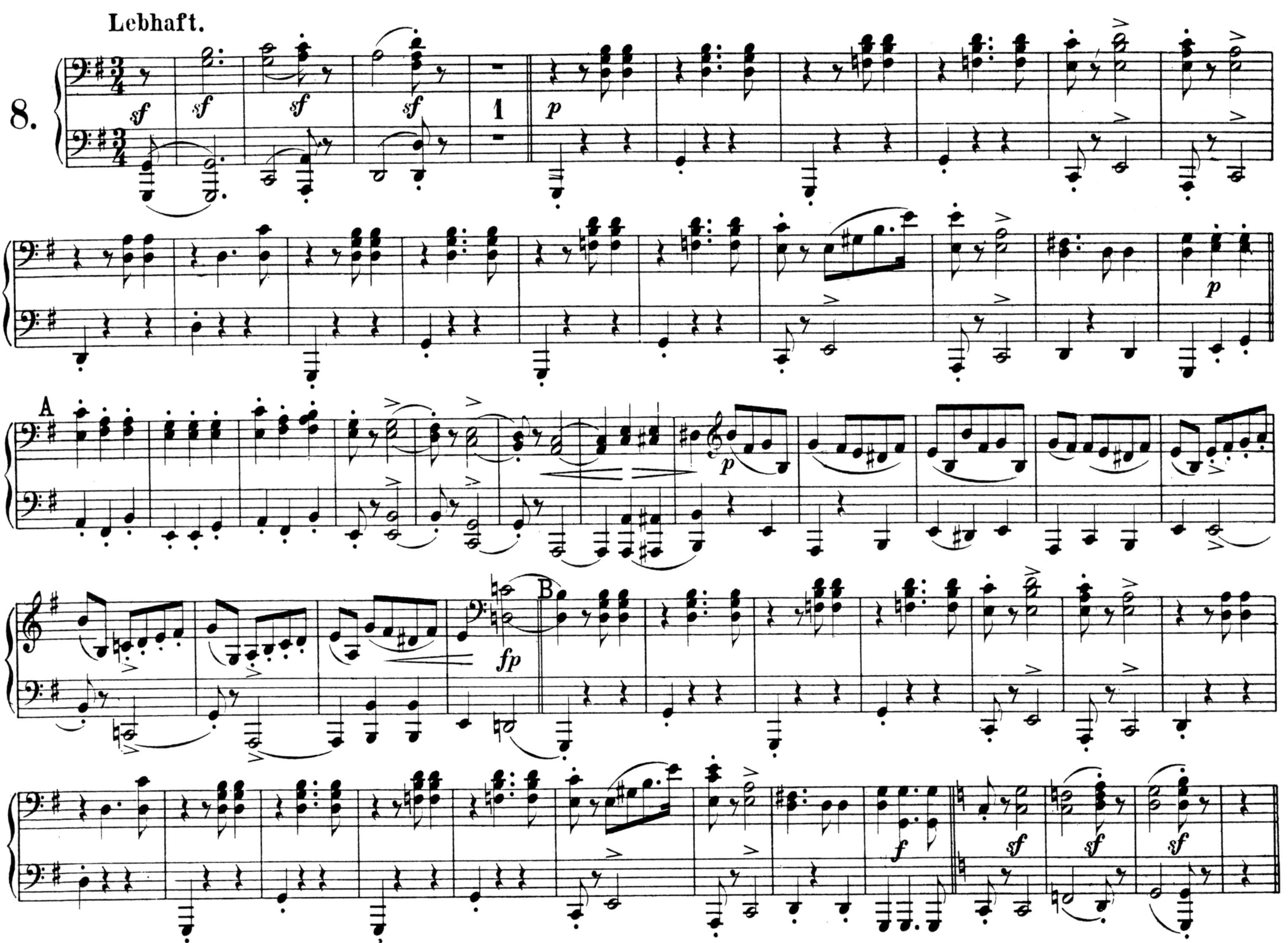

Walzer.

Promenade.

Nicht schnell, feierlich.
9.
A.
B.
C.

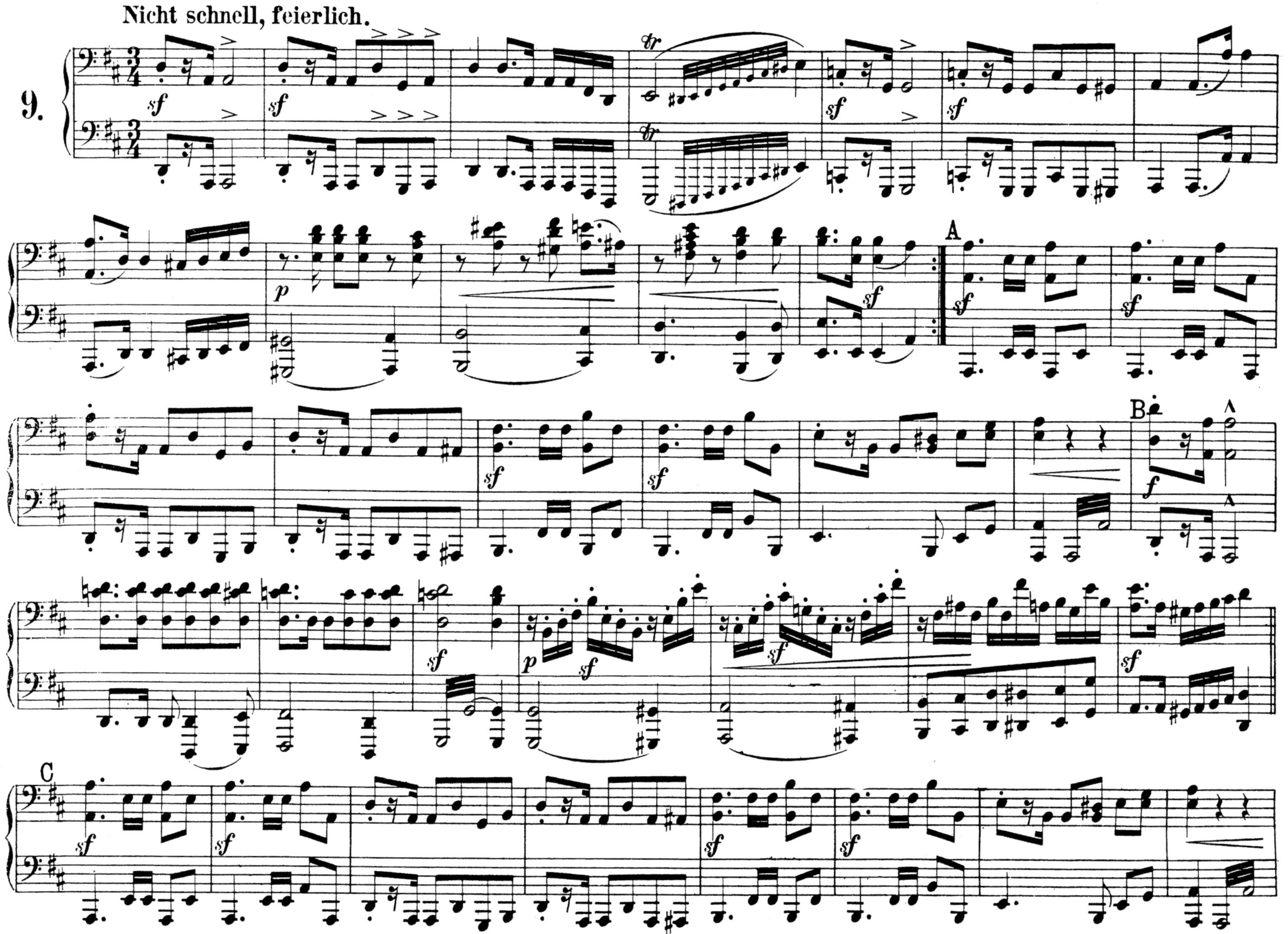

Promenade.

Nicht schnell, feierlich.
9.
sf
A
B
C
tr
p
f

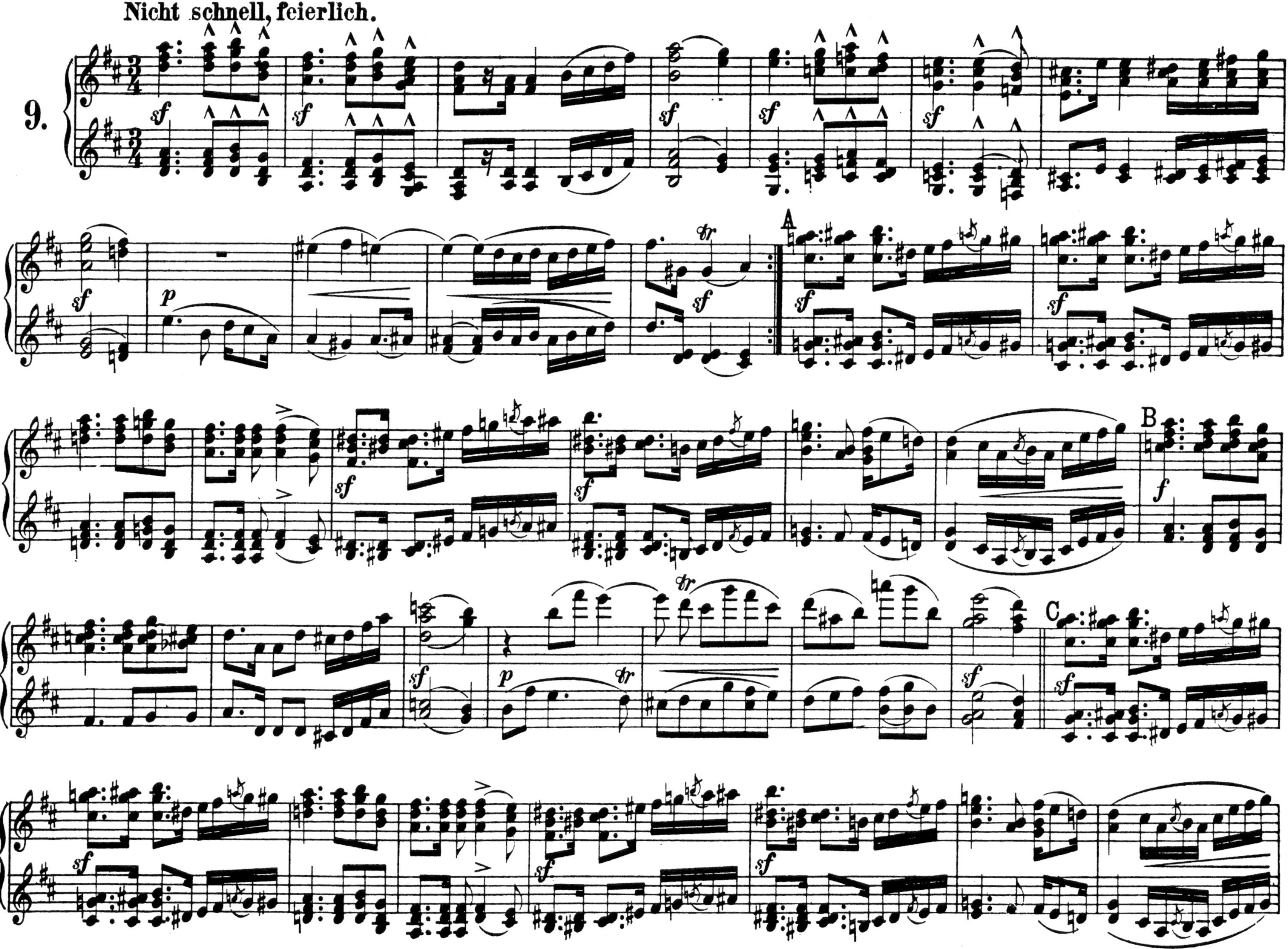

sf
sf
sf
sf
f
sf
p
tr
tr
G
sf
ff
p
f
sf
sf
sf
p
f
ff
sf
Fine.

Kinderball.

Sechs leichte Tanzstücke.

Opus 130.

Komponiert 1853.

Polonaise.

Langsam und gemessen.

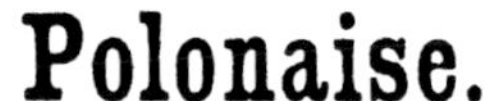

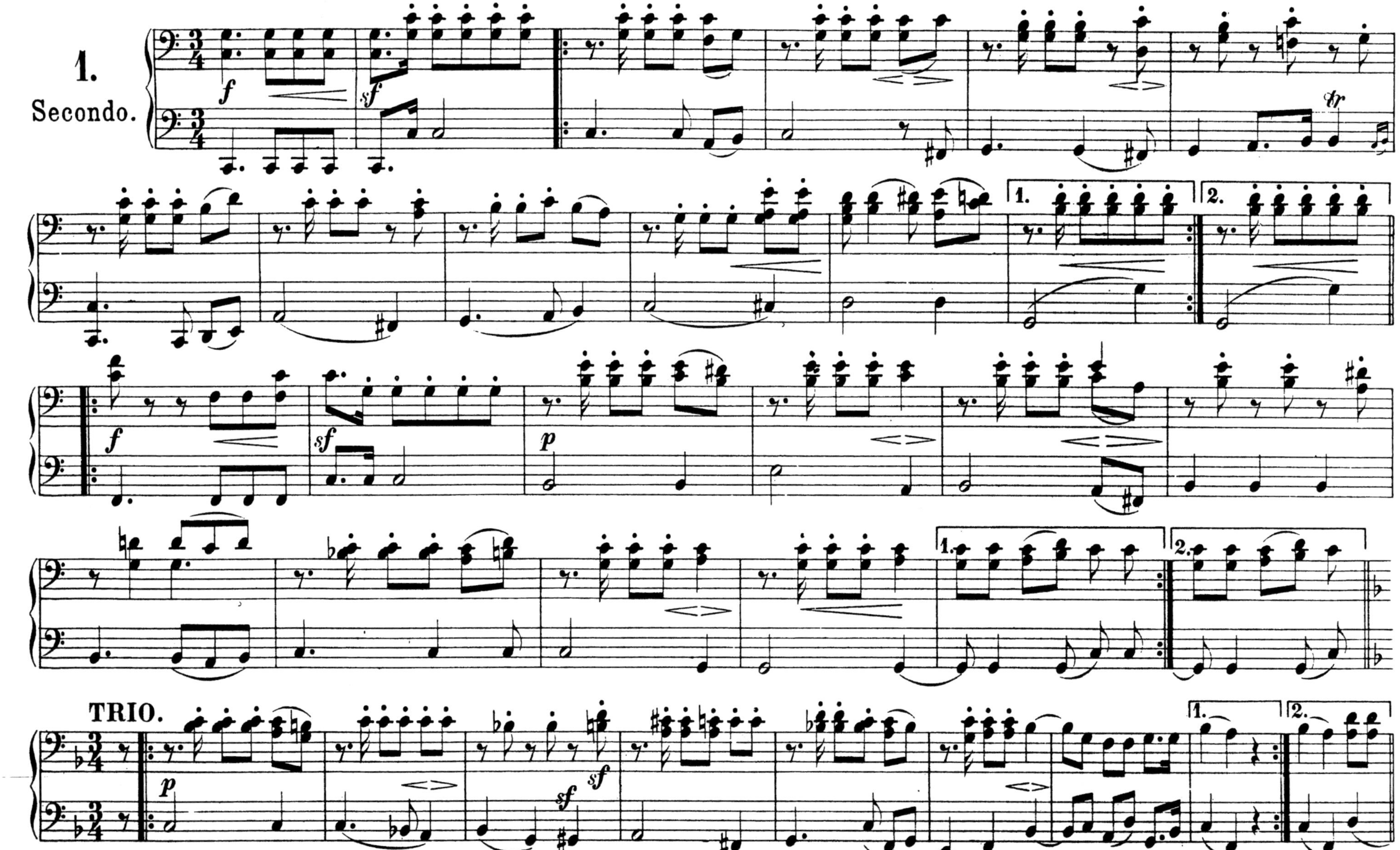

Kinderball.
Sechs leichte Tanzstücke.

Opus 130.

Komponiert 1853.

Polonaise.

Walzer.

Munter.
2.
p
f
cresc.
sf p

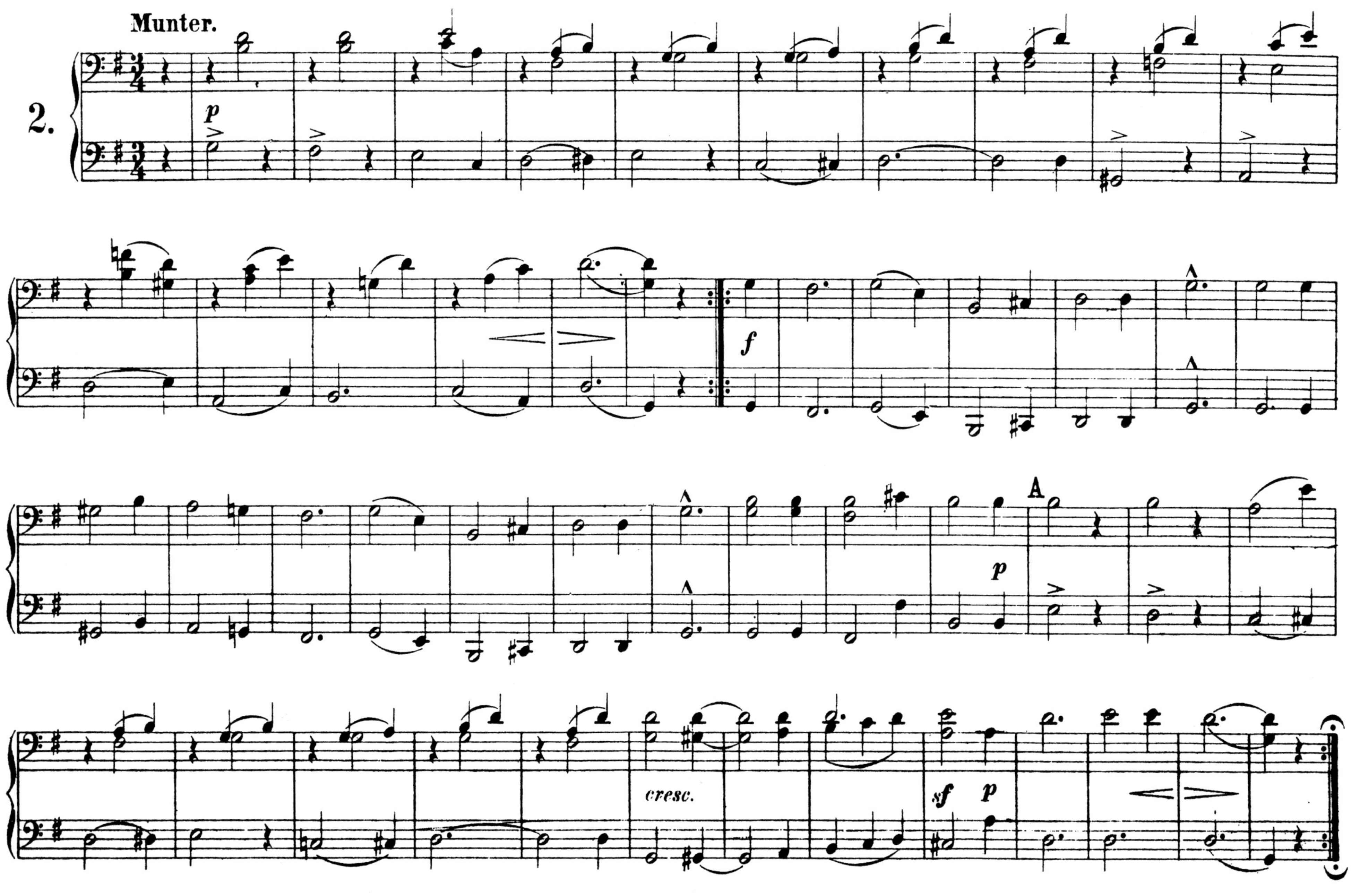

Walzer.

Munter.
2.
p
f
cresc.
sf p

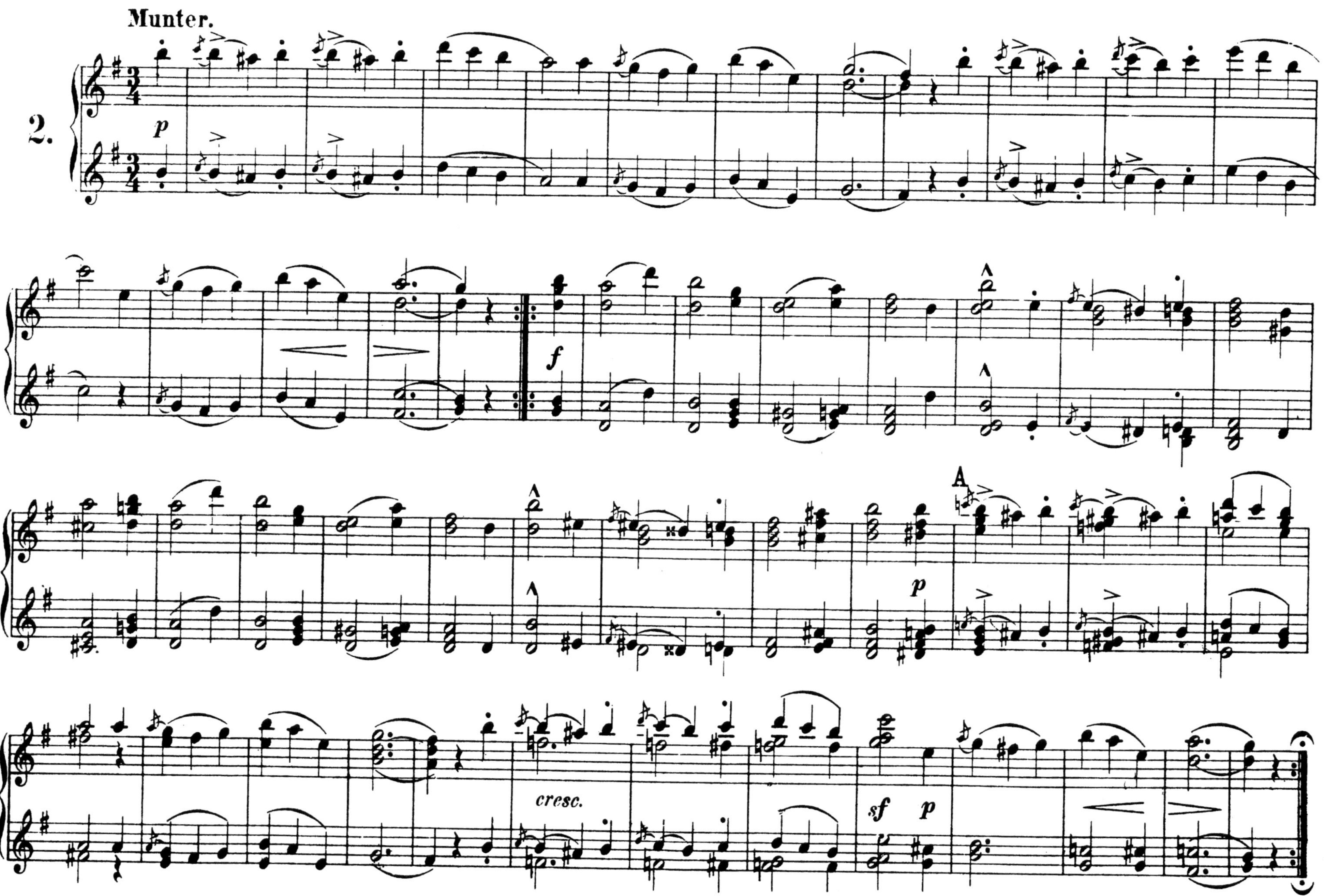

Menuett.

Nicht schnell, etwas gravitätisch.
3.
f
A
p
B.
f
f
C
fp
cresc.
f
f

Menuett.

Nicht schnell, etwas gravitätisch.
3.
f
A
p
B
f
8
f
p
cresc.
f
C
f

Ecossaise.

Lebhaft.
4.
mf
sf
A
f
p
f
p
cresc.
p
cresc.
f
p
f
B
dim.
p
sf
C
f
p
f
p
f
p
f
p
f

Ecossaise.

Lebhaft.
4.
mf
A
f
p
f
p
p
cresc.
p
cresc.
B
f
p
f
^
^
dim.
p
C
sf
f
p
f
p
f
p
f
p
tr

Francaise.

Belebt, doch nicht zu rasch.

5.

Francaise.

Belebt, doch nicht zu rasch.
5.
mf
A
B
C
D

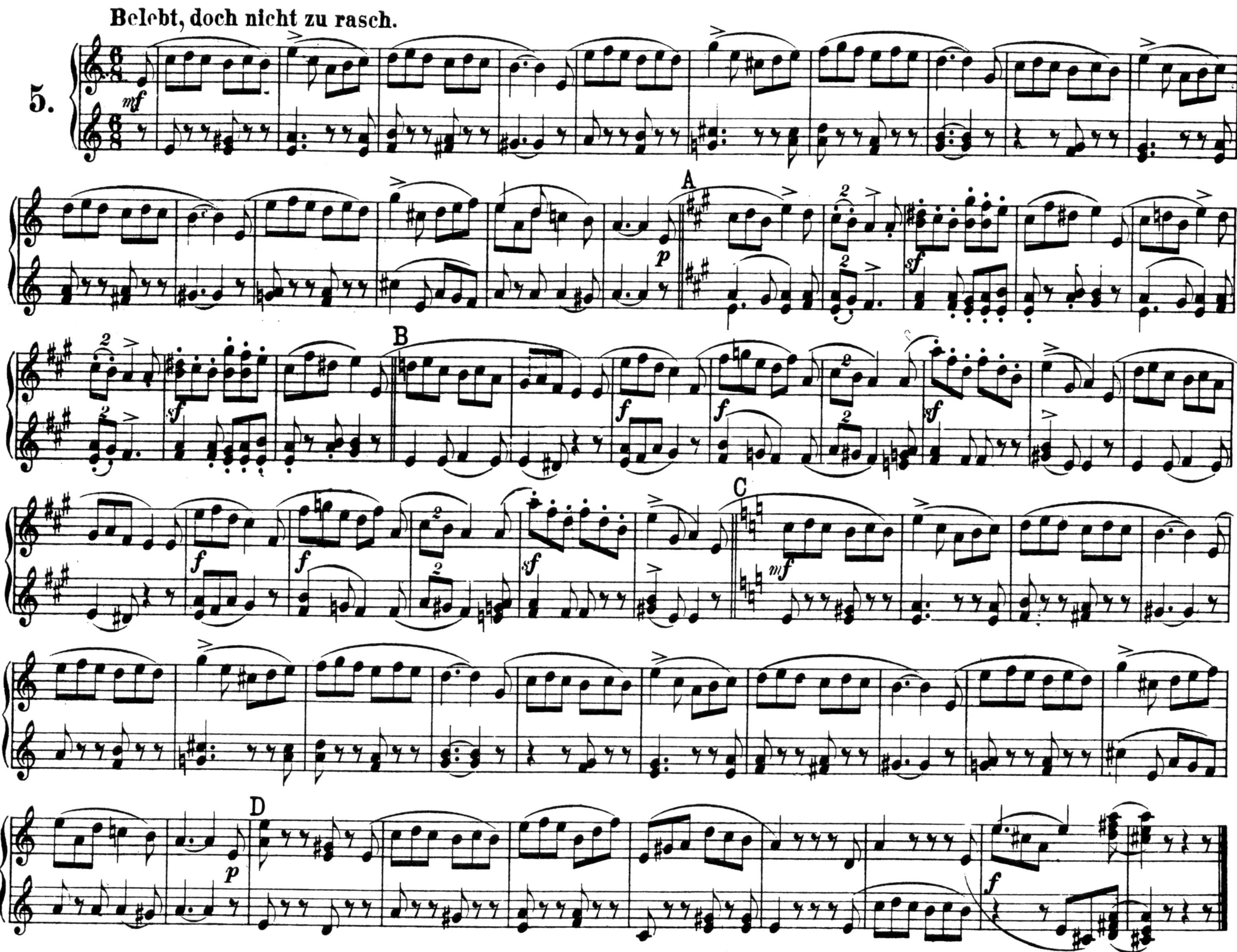

Ringelreihe.

Ringelreihe.

p
f
p
C
f f
sf
p
sf
D
cresc.
mf
f
f
mf
f
f

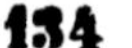

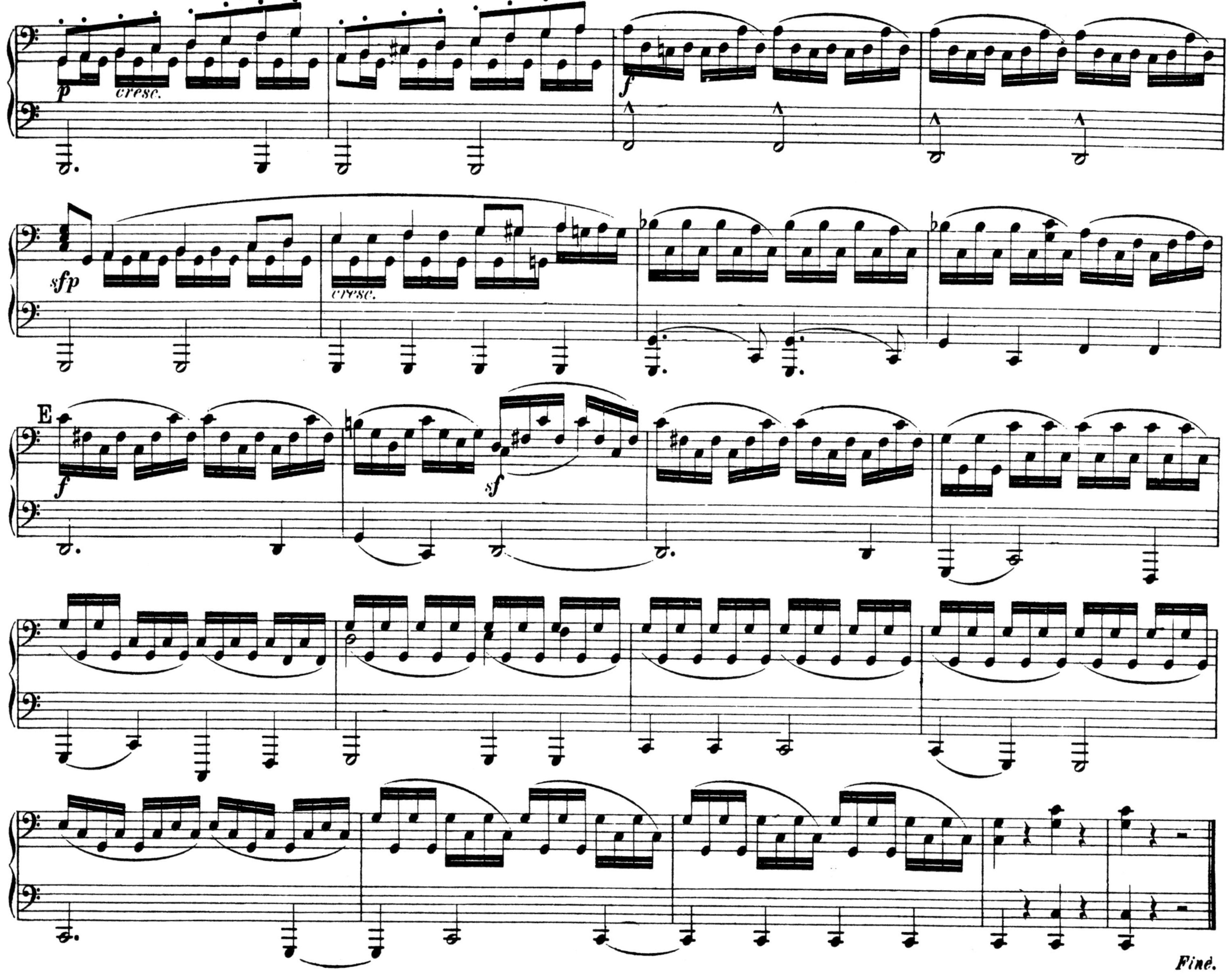

p
cresc.
f
sfp
cresc.
E
f
sf
Fine.

Lizenz Nr. 415-880/117/60
Stich: C. G. Röder, Leipzig
Druck: VEB Messe- und Musikaliendruck, Leipzig III/18/157